JANIS

Diogo Liberano

JANIS

Cobogó

SUMÁRIO

JANIS 7

Lista de músicas   43

Acompanhar um girassol morrendo para, em troca,
ver brotar uma criação, por Diogo Liberano   47

JANIS

de **Diogo Liberano**

Janis estreou em 18 de novembro de 2015 no Teatro Eva Herz, em Brasília. E no Rio de Janeiro em 25 de maio de 2017, no Oi Futuro Flamengo.

Dramaturgia
Diogo Liberano

Idealização e interpretação
Carol Fazu

Direção
Sergio Módena

Direção musical
Ricco Viana

Músicos
Antônio Van Ahn (teclado)
Arthur Martau (guitarra)
Eduardo Rorato (bateria)
Gilson Freitas (saxofone)
Marcelo Müller (contrabaixo)

Cenografia e figurinos
Marcelo Marques

Iluminação
Fernanda Mantovani & Tiago Mantovani

Projeto de som
Branco Ferreira

Preparação vocal
Patricia Maia

Assistência de direção
Celso André

Programação visual
Cacau Gondomar e Bruno Sanches

Fotografia
Manuela Abdala

Assessoria de imprensa
Debs Comunicação

Mídias sociais
André Mizarela

Captação de recursos
Lúdico Produções Artísticas

Assessoria jurídica
André Menasche – Menasche Advogados

Gestão do projeto
Renata Leite – Rinoceronte Entretenimento

Assistente financeiro
Angelica Neves – Rinoceronte Entretenimento

Produção executiva
Alice Cavalcante, Ana Velloso e Vera Novello

Direção de produção
Alice Cavalcante e Ana Velloso

Realização
Sábios Projetos e Lúdico Produções Artísticas

O homem mais feio do campus.

Sempre que eu subo num palco, como agora, é impossível deixar de suspeitar que tudo isso aqui não seja um grande engano. Um erro. Uma piada de mau gosto, talvez. Eu sempre fui alguém fácil de enganar. Demorei tempos até acreditar que existia a maldade. É difícil para mim estar aqui e agora. É só que, quando eu subo num palco, sempre acho que é para receber um prêmio que eu realmente mereço, mas que nunca veio nem nunca virá. Não quero ser chata e estragar a nossa noite. Vocês vieram até aqui para me ver cantar e não para ouvir essa ladainha toda. Mas como saber quando a música basta ou quando é preciso, mais que cantar, também dizer alguma coisa? Eu nunca soube a diferença. Eu sempre cantei como se falasse e falei como se cantasse.

Um dia, na cidade em que nasci, foram me buscar em casa para eu receber um prêmio na escola. Disseram: "Você vai receber um prêmio!" E eu fui, claro, porque achava que já estava na hora de receber um prêmio. Quando cheguei na minha escola, subi num palco, tipo esse, e uns caras me trouxeram uma placa. Todos gritavam muito e meus olhos já estavam marejados porque aquilo nunca tinha acontecido comigo. Eu ergui a placa que me deram sem nem sequer olhar o que estava escrito. E quando ergui a placa, foi como agora: silêncio total. Tudo suspenso: os olhos, os sorrisos, a minha respiração. Naquela noite eu fui eleita o homem mais feio do campus. Porra! Era o que estava escrito na placa que me entregaram: o homem mais feio do campus.

Os caras do meu colégio me elegeram alguém mais feia do que eles próprios. Eu olhei para todo mundo que me olhava e fui lendo, lentamente, de olho em olho, o escrito na placa. Só que eu li tudo ao contrário. Eu li o reflexo dos olhos que me olhavam e entendi o que eu quis entender: que eu era sim o homem mais lindo daquele campus. É claro que eu era. E mais, vamos ser sincera, eu era muito mais homem do qualquer um daqueles babacas que me premiavam.

Eu sorri, mais ou menos como estou sorrindo agora. Abaixei a placa. Desci do palco. Não dei autógrafo.

Naquele dia eu aprendi uma coisa que continuou mesmo depois que eu parti. Quando me faltasse alguma palavra, quando não me viesse um cuidado, quando me faltasse um carinho, eu saberia como arranjar e seria tudo assim: cantando.

Não sou de arrependimentos, mas, se eu pudesse me arrepender por uma ou duas coisas não feitas, uma delas seria ter descido daquele palco. Eu não desceria. Eu aproveitaria o silêncio daquela gente, eu abriria ainda mais o meu sorriso, tomaria todo o ar do mundo para dentro de mim, faria com que as luzes se apagassem, rasgaria com uma navalha a costura dos meus lábios e cantaria, apenas uma vez, uma única canção.

Janis canta "Ball And Chain".

Eu estou por tudo o quanto é lado. Inclusive aqui, onde eu não estou.

Eu devia ter uns quinze anos quando aconteceu isso que vou contar a vocês. Foi um caso envolvendo um professor que eu tive e que mudou a minha vida completamente. Era uma manhã de um dia qualquer da semana, chovia do lado de fora, a aula era de química, eu estava distraída batendo o lápis sobre o caderno e olhando a chuva lá fora, pensando em sei lá o quê. Então o cara, o professor, de química, ele me chamou a atenção: "Janis, você pode nos dizer o que diz a lei de Lavoisier?" Que porra, cara! Eu não podia virar para o lado que ele me exigia olhar para o quadro. Eu não queria olhar para o quadro, eu não queria que me dissessem para onde eu deveria olhar! Aí, eu abaixei a cabeça e a tal lei de Lavoisier estava escrita no livro e eu disse: "Claro, professor, a lei de Lavoisier diz exatamente o que está escrito aqui nesse livro." Ele riu, mas não cedeu. E me perguntou: "E essa chuva caindo lá fora, essa chuva que você tanto olha, o que ela tem a ver com a lei de Lavoisier?" Porra, o cara era foda! Ele me fodeu! Ele viu que eu não estava interessada na aula dele e me fez entender a aula dele fora da sala de aula. Acho que ali, naquele momento, eu provavelmente encontrei o grande amor da minha vida. Depois encontrei outros, é claro. Eu disse a ele que não sabia. E ele me respondeu firme: "Essa chuva que está caindo lá fora, Janis, ela está cheia de gente morta, sabia? Porque, como diz Lavoisier, na natureza nada se cria, nada se perde, tudo se transforma." Então quem morre, Janis, mesmo que seja colocado dentro de um caixão e enterrado sob a terra, mesmo que seja cremado e tenha as cinzas lançadas sobre um oceano qualquer, mesmo assim, quem morre volta, porque a gente é matéria, Janis. A gente é só um agregado de matéria que num dado momento se dispersa, vai embora e volta...

Hoje, para mim, é fácil falar essas coisas. Desde aquela aula. Mas é verdade. Dá para ter certeza? Que aqui, agora, sobre este palco, por exemplo, não tem um pouco de quem já morreu faz tempo? Dá para dizer — com certeza — que na ponta desse microfone, para além da minha baba, não existe também um pedaço de outro alguém que já empacotou? Eu sei do que eu estou falando. Porque eu fiquei sei lá quantas horas deitada sobre o carpete sujo daquela porra daquele quarto daquela merda daquele hotel escroto. Fiquei deitada sob o peso do meu corpo. Eu sozinha sob o peso do meu próprio corpo. O nariz quebrando em câmera lenta sob o peso do meu próprio abandono. Eu morri sozinha.

Meus pais ficaram chateados quando viram que no meu testamento eu pedia para ser cremada. Talvez não tenha feito sentido para eles, me faria parecer ainda mais bruxa do que eu já parecia. Mas foi tudo por causa do meu professor de química que eu sequer me lembro do nome. Eu pedi para ser queimada após a minha morte e exigi que minhas cinzas fossem jogadas sobre o Oceano Pacífico. E assim eu fui. E assim eu estou. Onde agora? Onde eu estou agora?

Eu estou por tudo quanto é lado. Inclusive aqui, onde não estou.

Janis canta "Cry Baby".

Foi embora sem comer nem uma azeitona, muito menos eu.

Aí eu encontrei o homem da minha vida. É sério. Ali foi verdade. Quando a droga bate a gente sabe. Eu estava num bar, como sempre, eu estava num bar, e ele entrou. Meus olhos me tiraram do copo e me levaram até ele. E assim como o copo, ele também me embriagou. Senti calor. Ele me viu, ele me olhou. E pronto, foi ali, foi muito rápido. Eu quis trepar com ele no banheiro, mas achei prudente tentar trepar com ele antes disso. Ele se aproximou. Sentou na mesa, tinha muita gente, mas era eu o centro das atenções. Eu costumava ser. Eu gostava disso, eu gosto, fazer o quê? Não dá para passar a vida inteira lutando contra quem se é. "O que você bebe?" "O mesmo que você." "O que eu estou bebendo?" "Eu não sei... Diz você..." E a gente riu. E a gente riu. E a gente riu. E eu sou uma palhaça, eu sou uma palhaça, porque o filho da puta foi embora sem comer nem uma azeitona, muito menos eu.

Porra. Os caras têm medo de mim! É isso. Mas medo todo mundo tem, porra! Todo mundo está cheio de medo. E cheio de amor também. E o mundo está cheio de medo por estar todo mundo cheio de amor. Dá para fazer uma tonelada de músicas com apenas três palavras. Eu preciso comer. Qualquer coisa, um biscoito, um desses moços. Merda. Derramei essa porra.

O cara ficou a noite inteira do meu lado e na hora de ir embora ele foi com a outra, sempre a outra, a mais bonita da mesa. Porra. Isso sempre acontece comigo, cara. Mais uma noite sozinha. Olhei para o lado e me ancorei no olhar da Patti, amiga minha. Ela me estendeu as mãos e me levou para o hotel. Disse que ficaria de olho em mim durante aquela noite. E ficou. Depois, ela sacou uma caneta, pegou um pedaço de papel e começou a escrever. Eu perguntei: "O que você está fazendo, cara?" Ela fez silêncio enquanto continuava escrevendo. Acendi outro cigarro, ela escreveu o último verso e disse: "É isso. Eu escrevi um poema para você." Enfim, ela leu e hoje eu só me lembro dos últimos versos. Algo assim: quando a plateia vai embora, eu me dou conta de que estou sozinha, eu não posso acreditar, essa é a minha vida!

Janis canta "Kozmic Blues".

É só que em alguns momentos uma paz assola a minha vida.

É só que, às vezes, tudo está tão merda que não há possibilidade de piorar, e então eu respiro, porque sei que qualquer coisa que vier a seguir vai ser melhor, eu vou gostar. Daí ele parou no canto do bar (eu chamo de bar os lugares onde eu bebo. A vida é um bar, por exemplo). Ele parou, meio cambaleando, mas parou. Encostou tipo um carro mal estacionado. Ele tinha suor preso no rosto e estava fria aquela madrugada. Eu senti, na distância, o cheiro dele e quis lambê-lo. Outro tipo de bebida. Porra. Eu olhei para ele e, no exato instante em que eu o mirei, ele me olhou, o cara da minha vida.

Ele era o cara da minha vida! Ele me olhou e uma flor caiu dos meus cabelos. Eu ri. Nervosa, porque cheia de desejo. Eu rindo e a flor me denunciando, eu estava toda aberta e então ele veio. E fez o improvável: me disse boa noite. Porra. Eu achei muito delicado. Delicado demais. Era viado aquele cara? Não importava. Eu era viada também. Eu era tudo e mais um tanto. Mas o suor dele colado na testa era o meu consolo. Eu desatei a falar, ele me olhando, eu falando, ele olhando, eu gritando, ele erguendo as sobrancelhas finas, me esperando calar a boca. Eu calei. Ele me deu a mão. Ele gostou de mim, me amava, me tirou do bar e fomos juntos para casa (eu chamo de casa os lugares onde eu trepo. Qualquer lugar é uma casa, por exemplo). E eu também, eu também sou uma casa, vem morar *nimim*. Eu pensava enquanto passava a porra da chave na porra da fechadura daquela merda de hotel empoeirado. Eu queria trepar ele inteiro. Tropecei logo assim que entrei. Ele me ergueu do chão, eu disse que estava tudo bem. Tudo bem. E dei um beijo nele. Um beijo roubado. Roubado não, um beijo-homicídio. Ele se afastou de mim, brusco, viril, ainda mais suado. E disse: "Não. Isso não. Eu só quero que você cante para mim." Qual foi, parceiro? Ele não pediu que eu cantasse para ele. Ele me ordenou. Achei cafona, cara. Merda! (eu chamo de merda tudo o que há. A vida é uma merda, por exemplo) E então eu mandei que ele sentasse e fechasse os olhos. Eu abriria a boca, mas ele fecharia o olhar. Era essa a minha única condição. E ele topou. Ele-fechou os olhos.

Ele tinha nojo de mim? Talvez. Mais uma vez, naquela noite, eu não conseguiria alguém capaz de me amar. É. Talvez sim. Só que aí ele ainda quis escolher a música. Idiota. "Não, eu não vou cantar essa música! A música quem escolhe sou eu, cara! Eu escolho a música, entendeu? E isso que eu vou cantar agora, que fique claro — que fique bem claro — não é para você, não é por você, é só por mim."

Janis canta "Little Girl Blue".

Você não é o cara da minha vida.

Noutro dia eu juro que encontrei o cara da minha vida. De verdade. Era ele. Só que — porra! — eu não era o cara da vida dele!

Como faz? Eu tentei argumentar, é claro, eu nunca fui capaz de controlar meus sentimentos, de guardar tudo escondido, aqui dentro, como se eles não existessem. As pessoas fazem muito isso. Na cidade onde eu nasci diziam que se tratava de respeito, postura, discrição. Como alguém pode represar o que sente e chamar isso de educação? Eu disse isso a ele. Você é o cara da minha vida. E ele me respondeu: "Só que você não é o cara da minha vida, moça." Moça?! Que porrada que você me deu, cara!

Depois de um tempo eu passei a acreditar que a vida teria sido uma coisa mais prazerosa se as pessoas tivessem o mínimo de empenho em se colocar no lugar do outro. Eu nunca tive essa habilidade. Eu sempre bati na mesma porta, sempre disse o que queria dizer independente do que viesse como resposta. Quanto mais eu quis uma coisa, mais eu a coloquei distante de mim. Talvez esse tenha sido o maior problema de toda a minha vida. Talvez. Ou não. Foda-se. Já foi. Eu perdi. Acabou. Tudo certo. Tudo certo. Tudo errado, mas tudo bem. Tudo certo. Tudo bem. Talvez.

Janis canta "Maybe".

Eu, às vezes, falo umas pérolas.

Um jornalista uma vez me perguntou uma coisa interessante, eu preciso admitir. Foi interessante. Ele disse mais ou menos assim: "Janis, existe alguma letra de música em que você cante o amor como algo possível, como algo capaz de dar certo?"

"Repete." Ele disse: "Eu estou querendo saber, a partir do seu ponto de vista, se em alguma de suas canções você já conseguiu cantar o amor como uma coisa possível e não somente como esse lamento, como essa dor e toda essa melancolia."

Eu ri, ri muito, ri bastante, ri, ri sem parar, ri e respondi: "Cara, se o amor dá certo, então não existe motivo para cantar." Silêncio total!

Uma pérola. É. Eu falo umas pérolas, às vezes. Eu estou bêbada agora, eu sou bêbada e isso não é uma pergunta, é o que eu fui, o que eu sou, isso é só o que eu era: só isso, uma pérola.

Janis canta: "Me & Bobby McGee."

Cantar foi melhor do que com qualquer homem.

Eu adoro bar. Conversa de bar. Eu devo ter nascido para isso. Acho incrível, mesmo! Conversa de bar. Sei lá, quatro pessoas em volta de uma mesa, sentadas, ninguém ouvindo ninguém, um alguém sendo ofensivo e outro alguém sempre se desculpando por tudo. A gente é muito estranho, gente. Eu amo. O ser humano é uma miséria. O que atrapalha é quando vem aquele papo de estrela. Quem inventou essa merda? É tudo para vender capa de revista! Porra, se eu sou importante, então me deixem em paz. Eu pago a minha bebida e ninguém tem o direito de me encher o saco. Aliás, isso é o que eu digo aos donos de bar que querem me mandar embora porque minha aparência é esquisita e meus peitos estão aparecendo. Eu não vim aqui para brilhar, para bancar a bonita, eu vim para beber, porra. Não é para isso que essa bodega existe? Esse bar, eu pergunto, existe para quê? Para a gente comprar a bebida e beber. Tem cadeira para sentar, mesa para apoiar os copos e as garrafas, então por que tem sempre um idiota que coloca no cardápio esse assunto de estrela?

Eu nem sequer queria ser cantora! Antes de ser cantora eu era gente, gente. Teve uma época, antes de cantar, que eu traficava drogas, pequenas quantidades, pequenas porções de droga, pedacinhos, coisinhas, papelotes, uns negocinhos, pequenas ampolas, enfim, nada grave. Eu tentei, durante muito tempo — não que eu tenha vivido muito tempo —, mas eu tentei achar um lugar para dormir e, claro, um cara para dormir comigo nesse mesmo lugar. Isso me bastaria. De vez em quando eu cantava umas músicas em troca de uma bebida grátis. Mas até me tornarem uma cantora de rock, eu nunca tinha pensado seriamente nessa profissão. Eu queria ser uma beatnik, estão ligados? Eu queria apenas me dopar, trepar e me divertir. Tanta gente vivendo triste dentro de agências bancárias e escritórios, por que eu não poderia viver a tristeza de estar viva me dopando e trepando, sem parar? Eu podia. Eu pude. Eu quis. Eu queria.

Fico pensando no tempo que a gente gasta indo ao dentista para cuidar do sorriso que a gente acaba por não usar. Sei lá... Só sei que num dia qualquer, veio por trás de mim um som, no meu rastro, veio um som e foi naquele instante que eu descobri que não queria fazer mais nada da minha vida. Cantar foi melhor do que estar com qualquer homem que eu já tenha comido. Talvez tenha sido esse o meu maior problema.

Janis canta "Mercedes Benz".

Entrevista.

Se eu acredito em Deus? Isso é uma pergunta? Eu vou rir para você e você interpreta o que quiser, pode ser?

É sobre alma. Eu canto a minha alma. Canto porque a alma não usa palavras para se manifestar e eu faço a ponte. Os nervos do corpo, eles falam, eles não param de sentir, não param de falar, mas é preciso traduzir. Por isso eu canto, entendeu? Minha habilidade em cantar não foi uma coisa que eu comprei pronta. Se eu faço algo, eu faço esse algo com toda a minha alma. Eu liberto tudo o que tenho dentro de mim. Isso é cantar. E eu sei que você não acredita. Você acha que é só um papo. Paciência, eu não estou aqui para convencer ninguém.

Sobre o blues? Quando me perguntam sobre o blues, eu costumo responder o mesmo, não por ser uma resposta pronta, mas por ser a única coisa que realmente é verdade para mim: a única coisa que se tem — e que realmente vale — são os sentimentos. Minha música é sobre isso, é sobre o que eu sinto, é sobre o que eu jamais conseguirei resolver, resumir, entender. Você me entende?

Como é isso de estourar aos 25 anos?! Você está me chamando de balão, de gorda? Eu não entendo o uso que vocês jornalistas fazem das palavras. Você disse "com apenas 25 anos"! Você está achando pouco? Acha que eu não deveria estar aqui onde eu estou? Aí no ano seguinte você vai voltar — como você voltou — e vai me perguntar: "E então, Janis, como é isso de fazer sucesso com apenas 26 anos?" Cara, isso é um problema seu. Eu não trabalho com esse negócio de sucesso. Eu canto música. Isso é invenção sua e da sua gente para não ter que lidar com as coisas que eu estou cantando e que vocês desconhecem. Eu tenho 27 e ano que vem terei 28 e daqui a pouco eu vou perder a graça e vocês vão lançar os olhos para outra fulana de vinte e poucos anos. Vocês são tudo machista, essa mídia é tudo machista, não querem mais saber da pelanca. Só que é da pelanca que você veio e é para ela que você vai voltar! Não venha me perguntar a cada ano como tem sido fazer sucesso com tantos e tantos anos. Como tem sido? Tem sido um porre, por sua causa!

Mas eu topei vir. Porque me disseram coisas boas sobre você. E teve um dia que eu vi o seu programa na TV e achei você simpático, irônico e afiado. Tudo bem. Se você me machucar, eu também sei como machucar você. Pergunta, Dick.

Pois é. Talvez. Talvez lá na frente eu mude de opinião, mas hoje eu quero acreditar que aquela cidade escravocrata vai ficar para sempre parada no mesmo lugar e que pessoas como eu, que aprenderam a voar, nunca mais serão bem recebidas lá, sabe por quê? Porque não tem aeroporto naquela cidade. Então quem voa não pode mais voltar, tem que ficar sobrevoando a cidade, ficar de longe, distante, como eu estou. Mesmo que aquele lugar seja a minha casa, a minha cidade natal, enfim, foda-se. Era para as pessoas me receberem bem, mas ali todo mundo tem medo de sair do programado, aí quando me recebem, em vez de ficarem felizes e intrigados com o meu vestido e as minhas flores costuradas no cabelo despenteado, eles me negam, me recusam, preferem trocar fofocas entre si para evitar o constrangimento que a minha presença provoca na caretice deles. Não sinto remorso, não sinto irritação. Eu sinto um... uma espécie de... como se fala?... Eu preciso cantar em vez de falar. Cantar para tentar dizer o que eu estou dizendo. Entendeu?

Janis canta "Move Over".

Vocês estão conseguindo fazer uma imagem de quem eu sou?

Verão de 1967

Querida mamãe,

Espero que você ainda se lembre de mim depois de todo esse tempo. O que posso dizer? Queria te mandar esses recortes — são de revistas que saíram por agora e marcam uma verdadeira guinada na minha carreira. Já estão me usando como estilo, mãe. O inimitável estilo de Janis Joplin. Agora temos três gravadoras. Tudo isso depois do festival de Monterey. Nunca pensei que me envolveria com advogados por motivos de trabalho e não por causa de um crime ou coisa assim. Não se assuste. Eu estou brincando. Não consigo achar nada para te dizer. A banda é a minha vida agora. Preciso admitir: o reconhecimento traz sim alguma satisfação. Em breve eu devo me tornar uma estrela. Se isso tiver a ver com dólares, então, eu já estou começando a brilhar.

Agora outro tópico: arranjei outra gatinha, ainda sem nome, cinza (com um pouco de marrom e branco) e muito agressiva. Quando está com fome me segue por toda a parte e bufa para mim. A gata que eu já tinha, que também não tem nome ainda, está cuidando muito bem da gatinha nova. Lambe, carrega a pequenina na boca e mostra onde está a ração. É uma família estranha, formada por três gatinhas, eu e as duas, mas é a minha família. E eu me sinto feliz assim.

Mande um olá para Mike e Laura. Trabalhem duro! Amo vocês. E, mamãe, eu gostaria muito de saber de você. Por favor, me escreva, mesmo eu não sendo exatamente o que você queria que eu me tornasse. Acabei de chegar de um ensaio, estou exausta e preciso beber uma cerveja, por isso vou encerrar agora.

Escrevam, por favor. Amo vocês.

Janis

Vocês estão conseguindo fazer uma imagem de quem eu sou? De quem eu fui? Tem gente que acha isso importante, não é? Eu não vou recriminar vocês se vocês quiserem sair daqui com um retrato meu. Mas eu não sou um retrato, está certo? Quer um retrato meu, então compra um. Tem umas fotos que eu tirei para a Playboy que são incríveis. Elas mostram tudo, menos quem eu sou. Eu talvez tenha sido a única pessoa que posou para a revista Playboy sem ter que tirar a roupa. Tudo bem. Eu usava muita roupa mesmo, uma sobre a outra, ia demorar demais para tirar tudo aquilo. Aí eles preferiram agilizar e me fotografaram vestida mesmo.

Dá para fazer uma ideia de quem eu sou, de quem eu fui?

Janis canta "One Night Stand".

A sua presença tem soluço.

Quando estou aqui, neste palco, em qualquer palco, sempre que estou num palco, estou mais do que inteira. Porque a verdade é essa: é só isso o que importa. O resto, o estúdio, as gravações que não acabam porque tem sempre um guitarrista que erra, erra, não cansa de errar, caralho, que porre! Eu tento manter a calma, mas é foda. Como alguém precisa gravar cinco vezes a mesma música? Onde é que o cara estava durante a primeira, segunda e terceira gravações que ficou tudo uma bosta? Eu não gosto desse negócio de fingir, de repetir, eu acho meio coito interrompido. Vai voltar o tempo? Cantar é algo assim tão diferente da vida que precisa de ensaio? Você ensaiou para sair de casa? No máximo você escolhe a calcinha que vai ou não usar.

O filho da puta do guitarrista errou três vezes seguidas a porra da música! Você errou essa merda que meu ouvido não é cego e viu! Você errou, parceiro! Eu sei! O que eu não sei ainda é o que eu vou fazer com você! Não pode, meu irmão! Se enxerga! Se situa! Pede para sair! Não fica aqui não, porque a sua presença tem soluço e eu não aguento gente "meio do caminho". Sabe gente "meio do caminho"? Que não vem nem vai? Ou vai ou já foi, comparsa! Entendeu? Entendeu mesmo?

Não entendeu nada. Como eu explico para ele que não existe isso de errar? Que medo é esse que essa gente tem? O estúdio mata tudo o que eu acredito. Eu quero vocês, eu quero o público. Já falei isso. Isso ficou gravado. Está num punhado de livros e vídeos, está nos discos, é só o que eu acredito: no palco, eu faço — já fiz — continuarei fazendo — sempre — para sempre — eu faço amor com 25 mil pessoas diferentes, na mesma noite. Só que depois eu vou para casa sozinha. Sempre.

Mas isso é outro assunto. Sempre me volta esse assunto de voltar sozinha para casa porque sempre eu encontro o cara da minha vida que jamais o cara da minha vida será. Eu não queria ter terminado a vida sem ter encontrado o cara. Quem disse que a vida acaba com o fim? Eu acabei antes da vida e ela seguiu sem mim. Entre aspas. Porque eu ainda estou aqui. Eu ainda estou aqui.

Janis canta "Piece Of My Heart".

Abstinência.

No final das contas, só sabe das coisas quem já passou frio. Quem já passou fome sabe das coisas. Sabe porque conhece o próprio corpo lá onde ele tomba e se transforma em seu próprio abrigo. Já imaginaram isso? Como um corpo faminto come mesmo sem ter comida para comer? O corpo se come, se dobra, as vísceras se aproximam e fazem a ceia reunidas, ainda que sem nada sobre a mesa.

Eu falo essas coisas porque essas coisas estão se falando em mim. Acho que eu nunca tombei de verdade porque tenho certeza que nunca estive completa o suficiente para tombar com propriedade. Quanto mais eu busquei preencher a coisa toda, mais eu vi o rombo dela se aumentando e se multiplicando e me engolindo e me tomando. Ficar sem alguma coisa é antes de tudo ficar consigo. Só consigo. E isso não é pouco, cara. Isso é o terror concentrado.

Apesar dos dias de sol, apesar do sexo das flores, dos gritos e de todo aquele movimento, ainda assim, houve falta. E então lá estou eu, com o corpo pedindo sem saber como cessar tanto desejo. Eu pedindo, o peito pedindo, os braços furados querendo agulhas mais finas, querendo como quem acredita que querer é mais ou menos só o que é possível. Querer. Comer. E saciar. Para começar tudo de novo.

Janis canta "Summertime".

Sem esse negócio de culpa.

— Consegue para mim?

— Janis, é melhor não.

— Como é?

— Eu disse que é melhor não.

— É melhor não o quê?

— Não quero te dar drogas, de novo, nesse momento\

— Que momento?

— Você sabe. Você está gravando o disco novo. Você precisa se cuidar\

— Não, eu quero a minha parada.

— Eu não vou te dar heroína de novo.

— Tem certeza?

— Não faz isso comigo.

— Não faz isso você! Eu nunca te pedi nada e agora que eu estou pedindo é esse o papo? Não pode, não deve, é melhor não! Por favor, eu não sou criança\

— Você é\

— Não fode! Eu posso conseguir. Eu só estou te pedindo para economizar meu tempo, eu estou cansada, porra, trabalhei o dia inteiro!

— Por isso mesmo, Janis. Hoje não vai dar.

— Então, beleza. Eu mesma consigo. Você sabe disso. Eu não estou te pedindo autorização, isso é problema meu, eu estou te pedindo um favor, só isso, se você não quer, não pode, se a sua religião a partir de hoje começou a proibir uma coisa que você sempre fez para mim, então, beleza, eu me viro, eu não sou idiota\

— Não faz isso.

— Eu quero.

— Não faz.

— Eu preciso. Se você não pode levantar a porra da sua bunda desse quarto de hotel e andar duas quadras e me trazer minha droga, está tudo certo, eu também tenho bunda para levantar e pernas para andar. Eu mesma vou comprar essa merda.

— Você vai morrer. Você está passando dos limites, você deveria focar na gravação das últimas faixas, sem essa destruição toda que você faz a si mesma!

— Não vem com esse papo para cima de mim que eu não curto essa parada de culpa, não. Se você vai se sentir culpada porque foi buscar a droga que eu vou usar de qualquer jeito, então isso é problema seu.

— É assim, você percebe? É assim que você encerra as conversas, Janis. Ou é do seu jeito ou é do seu jeito. E os amigos em volta que se fodam\

— Eu estou com vontade, eu quero, eu vou.

— Não! Senta. Calma. Espera. Eu busco, eu compro, eu pego, que saco, que inferno\

— Sem culpa?

— Sem culpa, mas porra, Janis, porra, só isso que eu consigo te dizer: porra!

— Agradecida.

— O quê?!

— Eu vou tomar um banho porque já faz uns dias que não sei o que é isso.

Janis canta "Tell Mama" e, em seguida, "Try (Just a Little Bit Harder)".

Overdose.

Eu posso pedir uma coisa a vocês?

Pode responder, gente. Eu existo. Eu estou aqui. E estou aqui também por vocês, não é só por mim. Eu posso pedir uma coisa a vocês?

Obrigada. Foda. Então vamos lá. Vocês podem, sem falar nada, apenas fechar seus olhos? Confiem. Não precisa ficar com medo. Eu não vou enganar vocês. Eu também estou de olhos fechados. Eu não vou vigiar quem está roubando no jogo. Eu confio. Vamos juntos. De olhos fechados, por favor.

Agora imaginem: aqui onde estamos, cada dedo das mãos é um braço e na ponta de cada novo braço tem outro dedo-braço que não cessa nunca de abraçar o que está ao seu redor. Aqui onde estamos agora, cada dedo dos pés é também uma perna e na ponta de cada nova perna outro dedo-perna se anuncia cravando raiz no fundo até atravessar as águas enterradas e chegar ao fogo que mora no centro do mundo. Cada olho quando olha lança uma corda, um fio, um feixe, uma seta; cada olho quando olha lança uma flecha que flecha o outro que é olhado e para sempre com ele ficará reunido.

As árvores que nos olham também nos perfuram e passam a morar em nós. Os pássaros quando batem asas também nos lançam penas que são flechas e que nos juntam ainda mais. E pronto: se você espirra, eu tremo do lado de cá. Se eu deixo cair essa gota dos meus olhos, ela própria vai te regar. Estamos juntos e os raios do sol nunca fizeram tanto sentido porque eles são raios e os raios são o rastro invisível de que tudo se junta para ser um treco só. Nós. Muitos nós formando um só nó.

Abram suas veias. Deixem-se abraçar. Vai dar sono, os batimentos cardíacos vão se acalmar e talvez até falte um pouco de ar. Estamos saindo dessa realidade que nos separa e indo para outra realidade, nova, que nos junta e não nos obriga a ter que ser alguém para estar aqui.

Vocês estão aí? Comigo? Podem abrir os olhos. Eu também vou abrir. Tem que ter prudência para brincar desse jogo porque, se der overdose, a gente corre o risco de nunca mais respirar. Mas, de vez em quando, é bom. Brincar de sair dessa realidade para estar em outra.

Janis canta "Trust me".

A ideia desse encontro.

A gente passa tempo demais afastado da vida. Quando a gente descobre a possibilidade de experimentar o mundo, é difícil voltar. Depois que a gente degusta — coloca entre os dentes mesmo —, só o que resta é deixar tudo te tocar, te invadir e te levar, o que resta é permitir que as coisas nos atravessem e nos façam mudar.

Quando eu comecei a cantar, não estava interessada em ser uma cantora. Eu só queria esse outro universo, só queria experimentar todas as coisas para duvidar do mundo tal como me diziam que ele era.

Eu nunca soube a diferença.

Eu sempre cantei como se falasse e falei como se cantasse.

Vou calar a boca dessa vez.

Lista de músicas por ordem de aparição

"Ball And Chain" – Big Mama Thornton – *Cheap Thrills* – 1968

"Cry Baby" – Jerry Ragovoy/Bert Berns – *Pearl* – 1971

"Kozmic Blues" – Gabriel Mekler/Janis Joplin – *I Got Dem Ol'Kozmic Blues Again Mama!* – 1969

"Little Girl Blue" – Richard Rodgers/Lorenz Hart – *I Got Dem Ol'Kozmic Blues Again Mama!* – 1969

"Maybe" – Richie Barrett – *I Got Dem Ol'Kozmic Blues Again Mama!* – 1969

"Me & Bobby McGee" – Fred Foster, Kris Kristofferson – *Pearl* – 1971

"Mercedes Benz" – Janis Joplin/Michael McClure/Bob Neuwirth – *Pearl* – 1971

"Move Over" – Janis Joplin – *Pearl* – 1971

"One Night Stand" – Barry Flast/Steve Gordon

"Piece of My Heart" – Bert Berns/Bert Russell/Jerry Ragovoy – *Cheap Thrills* – 1968

"Summertime" – George Gershwin/Ira Gershwin/DuBose Heyward – *Cheap Thrills* – 1968

"Tell Mama" – Clarence Carter/Marcus Daniel/Wilbur Terrell – *Pearl* – 1971

"Try (Just a Little Bit Harder)" – Chip Taylor/Jerry Ragovoy – *I Got Dem Ol'Kozmic Blues Again Mama!* – 1969

"Trust Me" – Bobby Womack – *Pearl* – 1971

Acompanhar um girassol morrendo para, em troca, ver brotar uma criação

Seria importante compreender o ofício da escrita dramática como uma prática da invenção, não como um procedimento de cópia-imitação do que nos acostumamos a chamar "realidade". Seria importante acreditar que o fazer teatral não está aí para "fotografar" aquilo que a "vida" é, mas, ao contrário, para dar a ver tudo o que ela poderia ter sido, aquilo que ela ainda não se tornou e que, precisamente por isso, ainda pode vir a ser.

Seria determinante, então, começar por isto: pela incômoda suspeita de que o trabalho de um artista opera o "real" tal como o de um cirurgião opera um "corpo"; jogo de cortes e costuras, de incisões e pressões, técnica para desfibrilar o desfalecido e transformar a sua consistência "original" com um único objetivo: para que a pulsação e o fluxo de uma determinada vida possam continuar em movimento.

Seria por meio dessa operação artística e inventiva, artificial e inventada, que conseguiríamos introduzir alguma diferença no que já está acostumado a ser o que é. Produzir ao menos uma diferença: introduzida cirurgicamente no rol dos hábitos que dopam a vitalidade dos desejos humanos, para proteger "a inclinação do homem a representar as coisas tal como poderiam ou deveriam ser e não como são".*

*

Era uma tarde em 2015. Ela conseguiu meu número telefônico e me ligou para marcar um encontro. Eu estava sem tempo, viajando muito a trabalho, mas ela não cedeu. Precisava me encontrar, presencialmente, tinha que ser eu. Lembro que me detive à urgência de sua voz. Até que cedi: abri a agenda e encontramos uma tarde em comum na semana seguinte. É lá que estamos agora. Noutra tarde de 2015, final de julho.

Numa cafeteria no Rio de Janeiro ela me conta sobre a tal Janis Joplin. Com alguma vergonha, informo não conhecer nada de Janis, apenas sua fama. Ela me fala dela, de sua vida e morte, das duas vidas e de como elas se conversam: Carol Fazu e Janis Joplin. Ela quer muito que eu escreva

---

* ARISTÓTELES. *Poética*. Edição bilíngue; tradução, introdução e notas de Paulo Pinheiro. São Paulo: Editora 34, 2015 (1. ed), p. 9.

uma dramaturgia para um monólogo musical que estrearia no final de 2015 em Brasília. "Nada muito biográfico. Menos sobre as datas e os fatos, mais sobre os sentimentos", ela diz. "Uma dramaturgia da alma?" Talvez.

Os olhos dela brilham tanto, há tanto cuidado em seu jeito de compartilhar seus arrepios, que penso: eis alguma diferença, não?, quando um desejo atravessa o corpo de um ser e monta cabana — sem pedir autorização prévia — bem rente ao corpo do outro. Então, fizemos um pacto: oito sábados, quatro horas cada, lá em casa, em Vila Isabel. Nesses oito encontros criaremos essa dramaturgia. Você não precisa topar, mas, honestamente, agora é só o que é possível para mim. E aí? Eu pergunto. Isso te assusta? Eu me lembro. Um pacto é coisa que nasce antes de palavra precisar ser dita. Nasceu o nosso pacto no centro de um sorriso vasto e compartilhado. Aqui estamos nós desde então.

**

Naquele dia, uma palavra saltou comovida entre nós dois. Eu a registrei em minha agenda. Era uma palavra-intuição carregada do que não sabíamos ainda, palavra-prenhe de possibilidades. Ali começávamos a nossa criação, atentos aos arrepios do encontro e libertos das chegadas que, inevitavelmente, viriam. O processo criativo de *Janis* seria como nosso encontro havia sido: coisa feita passo a passo, partilhada olho a olho, mais presencial, menos apressada. Um pacto inventado para trazer de volta quem não estava mais entre nós e que, no entanto, entre nós continuava.

Janis Lyn Joplin nasceu em 1943. Cantora e compositora norte-americana, ela faleceu em 1970, aos 27 anos de idade. O que mais falam dela, além do seu gênio, de suas canções e de seu inimitável estilo, é sobre sua morte. Penso se não haveria algo numa vida humana para além da espetacularização de seu fim. Porque, sim, desconfio, se Janis ainda hoje se faz presente, talvez seja menos pela sua overdose de heroína e mais por causa de seu desmedir, de sua desmedida. Ela foi maior do que sua época permitia, quer uns gostassem e outros não, ela foi quem realmente era, toda desejo e exclamação.

Por isso esta palavra saltou entre nós: "evocação". Palavra que seria nosso gesto e também nossa primordial ação. Ação Substantivo Feminino. Um resgate voluntário, intencional. Uma recordação, tentativa de atrair coisas (almas, espíritos, seres etc.) num ritual específico, no caso, uma peça de teatro. Afinal, o que pode uma dramaturgia? Estaria ela destinada apenas a dizer o mundo tal como nos disseram que o mundo um dia foi ou poderia a dramaturgia evocar possibilidades outras tanto para o antes quanto para aquilo que ainda está por vir?

***

No primeiro sábado em meu apartamento, Carol chegou com um grande girassol. Coloquei-o num pequeno vaso — amarelo — que encontrei jogado na área de serviço e o acomodei no chão, em meio à sala, entre o café, a água e nós dois. Carol sorria, cabelos esvoaçantes, me contando sobre o que eu ainda não conhecia, e eu dizendo a ela que tinha comprado os álbuns da Janis, mas que ainda não tinha ouvido todas as músicas.

Como quem não deseja esgotar uma vida, mas, ao contrário, germiná-la, o trabalho em dramaturgia precisa equilibrar a sede do querer saber com a delicadeza das revelações que brotam a cada passo. "Saber tudo" sobre Janis não importaria. Afinal, e "tudo" aquilo que Janis poderia me ensinar sobre este instante agora em que, dizem, ela não está mais? Seria preciso reposicionar meu corpo, afinar minha escuta e calibrar minha atenção em direção àquela mulher meio bruxa, meio mito, meio ainda viva, não?

Diz o químico francês Antoine Laurent de Lavoisier que "na natureza nada se cria, nada se perde, tudo se transforma". Trabalho cirúrgico esse de acompanhar o girassol morrendo na sala de casa para, em troca, ver brotar uma criação. Acompanhar sua morte foi essencial para especular o destino de sua cor, seu cheiro e seu movimento. Após semanas, o girassol morto estava já por toda a parte. Foi quando encontrei Janis. E evocá-la, via dramaturgia, seria como experimentar o mundo através de suas cores e doses.

****

Num dos sábados, Carol me trouxe uma lista com 13 canções de Janis que, para ela, eram essenciais à dramaturgia. Coloquei-as em ordem alfabética, de "Ball and Chain" até "Try" e, entre as canções, listei "situações" que me pareciam determinantes a partir da vida de Janis e também de nosso percurso criativo. Já era nítido para nós que evocar Janis seria algo como se colocar em seu lugar, assumindo sua posição para ver o mundo através de seu olhar. Seria tudo em primeira pessoa: como se Janis fosse Carol-Diogo, Carol-Diogo fossem Janis e, sobretudo, como se a dramaturgia pudesse convidar o leitor para brincar do mesmo jogo: mudar de posição.

Era preciso experimentar essa hipótese. Então, fui para Vassouras, interior do estado do Rio de Janeiro. Numa tarde, sentado na varanda da casa de minha infância, minha mãe Lucilia Liberano se aproximou trazendo um café fresquinho. Ela sabia que eu estava escrevendo uma peça nova e que eu precisava ficar ali, por horas a fio, sem ser interrompido. Ela ouvia, de dentro de casa, eu repetindo em voz alta uma mesma frase até encontrar, através do arrepio do corpo, o aval para escrevê-la.

Silenciosa, ela me entregou o café e se sentou ao meu lado. "Posso ler uma coisa para você, mãe?" Ela fez que sim e eu li a primeira página, a única que tinha naquela tarde, sobre um acontecimento (meio fato, meio inventado, já não sei) vivido por Janis na escola em que ela estudou. Ao terminar de ler, minha mãe, pasma, disse: "Que horror, meu filho." É, mãe. Pensei: se o ser humano não cansa de ser horrível com seus semelhantes, talvez a diferença primordial do meu ofício seja justamente impedir que a gente se esqueça das violências e intolerâncias que seguimos agindo nesse mundo. Ali, olhando minha mãe, também compreendi que, para além de denunciar o horror, era também determinante abrir caminhos. E o caminho era Janis e o seu modo intempestivo de responder ao desafio que é estar vivo e ser quem se é.

[...]

*****

"Abrição" de caminhos, eis um bom propósito para o trabalho de um dramaturgo. Voltei ao Rio movido por isso. Dentro de casa, sozinho, eu especulava um jogo que, só de pensar, me arrepiava por inteiro. Seria uma espécie de programa performativo para fazer brotar a escrita da dramaturgia. De acordo com a performer e teórica da performance Eleonora Fabião, "programa é motor de experimentação porque a *prática do programa* cria corpo e relações entre corpos; deflagra negociações de pertencimento; ativa circulações afetivas impensáveis antes da formulação e execução do programa. Programa é motor de experimentação psicofísica e política".[*]

Eis o programa que compus para a escrita de *Janis*: 1) acordar bem cedo nos dias destinados à escrita; 2) abrir uma garrafa de vinho tinto seco; 3) beber todo o conteúdo da garrafa; 4) fumar quantos cigarros eu quiser; 5) ouvir e cantar as canções de Janis em altíssimo som; 6) ao terminar todo o vinho da garrafa, acionar o gravador de voz e gravar tudo aquilo que meu corpo disser; e 7) no dia seguinte, ouvir a gravação e transcrever as palavras... Ao praticar esse programa para a escrita de *Janis* o que encontrei foi mais que um punhado de palavras, foi também a experimentação do meu corpo numa posição menos minha e mais rente às situações "vividas" por Janis em sua morte e vida. Nesse programa não havia nada definido *a priori* porque experimentar não pressupõe chegada alguma. Depois, ao me confrontar com o texto brotado desse jogo, senti um gosto amargo e revelador. Eu

---

[*] FABIÃO, Eleonora. Programa Performativo: o corpo-em-experiência. *Revista Ilinx*, Campinas, Universidade Estadual de Campinas, n. 4, p. 4, dez. 2013. Disponível em: <http://www.cocen.unicamp.br/revistadigital/index.php/lume/article/view/276>. Acesso em: 25 abr. 2017.

não me reconhecia nas palavras e as frases eram estranhas ao que eu estava acostumado, no entanto, precisamente por essa diferença, vi nascer uma criação.

De fato, a prática desse programa performativo foi um convicto jogo de embriaguez. Ao me embriagar com álcool, cigarros e com as canções de Janis Joplin, atravessei alguns limites e encontrei outros espaços. A prática de um programa performativo para escrita dramatúrgica nos convida a saborear relações impensáveis entre as palavras e os sentidos, nos possibilita compor utilizando outros modos e operações criativas. Sobretudo, desmancha a figura do autor para fazer dele um espaço temporário onde palavras aportam para brincar o inesgotável jogo de sentidos e sem sentidos. A dramaturgia, enfim, deixa de ser imposição e vira também um convite à experiência de quem lê.

* * * * * *

Quando vi, Carol estava de volta ao meu apartamento. Frente a ela, a primeira versão do texto. Frente a mim, uma mulher saindo de si para ocupar, provisoriamente, outra posição. Assim como eu precisei sair um pouco para encontrar o nervo das palavras, ali também Carol saía para encontrar, ainda nela, um pouco da Janis que tanto nos fascinava. Ela leu, cantou, brincou o jogo da ficção que, de fato, apenas nos pedia: "Por favor, mudem um cadinho de posição!" Eis outra diferença, não? Creio que o mundo possa ser um novo lugar, menos corrupto e adoecido, caso a gente pratique um pouco mais esse generoso jogo de sair de nossos costumes – por vezes tão indisponíveis – para encontrar morada na beleza estranha que aflora em cada outro, em cada desconhecido.

Diogo Liberano
Rio de Janeiro, abril de 2017

© Editora de Livros Cobogó
© Diogo Liberano

Editora-chefe
Isabel Diegues

Editora
Mariah Schwartz

Coordenação de produção
Melina Bial

Revisão final
Clarisse Cintra

Projeto gráfico e diagramação
Mari Taboada

Capa
Cacau Gondomar

Foto
Manuela Abdala

CIP-BRASIL. CATALOGAÇÃO-NA-FONTE
SINDICATO NACIONAL DOS EDITORES DE LIVROS, RJ

L665j Liberano, Diogo
     Janis / Diogo Liberano.– 1. ed.– Rio de Janeiro : Cobogó, 2017.
               64 p. : il. (Dramaturgia)

     ISBN 978-85-5591-029-6
     1. Joplin, Janis, 1943-1970. 2. Teatro brasileiro. I. Título II. Série.

17-41506   CDD: 869.92
               CDU: 821.134.3(81)-2

Nesta edição, foi respeitado o Acordo Ortográfico da Língua Portuguesa
de 1990, que entrou em vigor no Brasil em 2009.

Todos os direitos em língua portuguesa reservados à
Editora de Livros Cobogó Ltda.
Rua Jardim Botânico, 635/406
Rio de Janeiro – RJ – 22470-050
www.cobogo.com.br

Outros títulos desta coleção:

ALGUÉM ACABA DE MORRER LÁ FORA, de Jô Bilac

NINGUÉM FALOU QUE SERIA FÁCIL, de Felipe Rocha

TRABALHOS DE AMORES QUASE PERDIDOS, de Pedro Brício

NEM UM DIA SE PASSA SEM NOTÍCIAS SUAS, de Daniela Pereira de Carvalho

OS ESTONIANOS, de Julia Spadaccini

PONTO DE FUGA, de Rodrigo Nogueira

POR ELISE, de Grace Passô

MARCHA PARA ZENTURO, de Grace Passô

AMORES SURDOS, de Grace Passô

CONGRESSO INTERNACIONAL DO MEDO, de Grace Passô

IN ON IT | A PRIMEIRA VISTA, de Daniel MacIvor

INCÊNDIOS, de Wajdi Mouawad

CINE MONSTRO, de Daniel MacIvor

CONSELHO DE CLASSE, de Jô Bilac

CARA DE CAVALO, de Pedro Kosovski

GARRAS CURVAS E UM CANTO SEDUTOR, de Daniele Avila Small

OS MAMUTES, de Jô Bilac

INFÂNCIA, TIROS E PLUMAS, de Jô Bilac

NEM MESMO TODO O OCEANO, adaptação de Inez Viana do romance de Alcione Araújo

NÔMADES, de Marcio Abreu e Patrick Pessoa

CARANGUEJO OVERDRIVE, de Pedro Kosovski

BR-TRANS, de Silvero Pereira

KRUM, de Hanoch Levin

MARÉ/PROJETO bRASIL, de Marcio Abreu

AS PALAVRAS E AS COISAS, de Pedro Brício

MATA TEU PAI, de Grace Passô

ÃRRÃ, de Vinicius Calderoni

A PAZ PERPÉTUA, de Juan Mayorga
Tradução Aderbal Freire-Filho

COLEÇÃO DRAMATURGIA ESPANHOLA

APRÈS MOI, LE DÉLUGE (DEPOIS DE MIM, O DILÚVIO), de Lluïsa Cunillé
Tradução Marcio Meirelles

ATRA BÍLIS, de Laila Ripoll
Tradução Hugo Rodas

CACHORRO MORTO NA LAVANDERIA: OS FORTES, de Angélica Liddell
Tradução Beatriz Sayad

DENTRO DA TERRA, de José Manuel Mora
Tradução Roberto Alvim

MÜNCHAUSEN, de Lucía Vilanova
Tradução Pedro Brício

NN12, de Gracia Morales
Tradução Gilberto Gawronski

O PRINCÍPIO DE ARQUIMEDES, de Josep Maria Miró i Coromina
Tradução Luís Artur Nunes

OS CORPOS PERDIDOS, de José Manuel Mora
Tradução Cibele Forjaz

CLIFF (PRECIPÍCIO), de Alberto Conejero López
Tradução Fernando Yamamoto

2017

1ª edição

Este livro foi composto em Univers.
Impresso pelo Grupo SmartPrinter
sobre papel Pólen Bold LD 70g/m².